Di lo que quieres decir 2017

Antología de siglemas 575

Di lo que quieres decir 2017

Antología de siglemas 575

Patricia Schaefer Röder, Editora

Colección Carey

Ediciones Scriba NYC

Di lo que quieres decir 2017 – Antología de siglemas 575
Patricia Schaefer Röder, Editora
© 2017 PSR
Ediciones Scriba NYC
Colección Carey – Poesía

Fotografía y arte de portada: Jorge Muñoz
© Ediciones Scriba NYC, 2017

siglema575.blogspot.com

Impresión: CreateSpace

ISBN: 978-0-9845727-8-6

Scriba NYC
Soluciones Integrales de Lenguaje
26 Carr. 833, Suite 816
Guaynabo, Puerto Rico 00971
+1 787 2873728
www.scribanyc.com

Septiembre 2017

"Sol de la tarde
envuélveme cálida
en tu poema.

...

Al fin lo digo
tan solo unos versos
y resucito".

Patricia Schaefer Röder
"POESÍA"

CONTENIDO

PRÓLOGO

La poesía es el arte que manifiesta la belleza de aquello que nos rodea y nos llena. Así, la belleza existe en todas partes, solo espera que la descubramos y la disfrutemos. Nuestra sensibilidad humana nos impulsa a buscar vías para declarar lo que sentimos al encontrar tantas maravillas. Una herramienta para lograr este cometido es la poesía en forma de *siglema 575*.

El *siglema 575* es un poema que se escribe en base a las letras de la palabra o palabras que definen su tema y que constituyen su título, que queda representado en mayúsculas, como una especie de acrónimo. Cada estrofa posee tres versos, de los cuales la primera palabra del primero debe comenzar con la letra correspondiente a la sigla que le toca. La métrica es 5-7-5, con rima libre. Por su naturaleza acrónima, las diferentes estrofas deben poder funcionar independientemente como un poema autónomo que trate el tema en cuestión, y en conjunto, como parte de un poema de varias estrofas que gire alrededor del mismo tema. En un siglema 575 hay tantas estrofas como letras posea el título. © 2011 PSR

El siglema 575 nos permite expresar de manera lírica aquello que nos interesa, que nos mueve, que nos inspira. Esta forma poética de métrica breve y rima libre nos deja definir lo que sentimos y hacerlo en nuestro propio estilo, yendo directamente al grano, siguiendo la tendencia actual que nos lleva hacia lo que de verdad importa. Esta poesía minimalista se basa en la premisa de que "todo se originó de un punto, y cada cosa puede reducirse a un punto".

Siguiendo su compromiso con la excelencia en la comunicación escrita, **Scriba NYC Soluciones Integrales de Lenguaje**, convocó al Tercer Certamen Internacional de Siglema 575 "Di lo que quieres decir" 2017, siguiendo el gran éxito obtenido en las ediciones anteriores del mismo en 2015 y 2016. Este año tomaron parte poetas de trece países de América y Europa, que enviaron más de 260 participaciones y abarcaron diversos temas. El jurado estuvo conformado por cinco escritores destacados de cuatro países: Domingo Hernández Varona (EE.UU.), poeta, narrador y ensayista, ganador del Segundo Certamen Internacional de Siglema 575 "Di lo que quieres decir" 2016; Nahir Márquez (Venezuela/Alemania), poeta, escritora y periodista, autora de libros infantiles y juveniles; Leticia Rojas (Venezuela), poeta y escritora, autora de poemarios y libros infantiles; Nora Cruz Roque (Puerto Rico), poeta, escritora y educadora, fundadora de la Liga de Poetas del Sur; y María Dávila (Puerto Rico), poeta y escritora, autora de poemarios y narrativa breve. Ellos consideraron cada uno de los siglemas 575 participantes en cuanto a su lírica, minimalismo, conceptualización del tema en cada estrofa e integración de todas las estrofas en un poema que plasme el tema de inspiración.

El primer premio lo obtuvo PADRE, de Idis Parra Batista (Cuba); segundo premio LLEGASTE, de Pedro Yajure (Venezuela); tercer premio SIESTA EN TUS LABIOS, de Mary Ely Marrero-Pérez (Puerto Rico). Las menciones honoríficas recayeron en UNA CANCIÓN DESESPERADA, de Doris Irizarry Cruz (Puerto Rico); LIBERTAD, de María del Pilar Reyes (EE.UU./Puerto Rico); CULTURA, de Yarimar Marrero Rodríguez (Puerto Rico); ENTELEQUIA, de Raúl Castillo Soto (EE.UU./Puerto Rico); HILOS, de Silvia Alicia Balbuena (Argentina); SOMBRA, de Inocencio Hernández (España) y LUCES, de Mariana Aguiar Caorsi (Uruguay).

Di lo que quieres decir 2017 recoge los siglemas 575 premiados, así como una selección de los más destacados en el certamen. La familia, la patria, la justicia, la denuncia social, la vida, los sentimientos, las pasiones, el erotismo, la naturaleza y las artes fueron algunos de los temas universales preferidos por un gran número de poetas en este encuentro internacional. Asimismo, los recuerdos de quienes partieron, el discernimiento de causas, acciones y consecuencias, y la compañía perpetua de un palomo, entre muchas otras estampas, quedaron plasmados a través de esta forma poética esencial y minimalista.

Scriba NYC Soluciones Integrales de Lenguaje agradece la concurrencia de los participantes en este encuentro y felicita a los poetas premiados, así como a todos los concursantes, por haber aceptado el reto poético del siglema 575, atreviéndose a *decir lo que quieren decir.*

Patricia Schaefer Röder, Editora

—

14

SIGLEMAS 575 PREMIADOS

PRIMER PREMIO

Idis Parra Batista
Cuba

<u>PADRE</u>

Piélago undoso
cómo extraño el latir
en tus mareas

aquellas tardes
de sol acantilado
entre arrecifes

de marejadas
con olor a sargazo
y a mangle verde.

Regresa a mí
a pleamar, sereno
ebrio de luz.

En esta orilla
hay sed de tu presencia
y de tu abrazo.

Pedro Yajure
Venezuela

LLEGASTE

Ligero paso
sobre tierra mojada.
Eras la lluvia.

Leve y total
suficiente en el mar
de mis relámpagos.

Eras tú amor
fruta al tacto ofrecido
muerdo tus labios.

Ganas deseos
siembras en el sarmiento
de mi molino.

Atiendes tú la
plaza de mis pasiones
cuando te miro.

Siento toda tu
entrega tan fraguada
en mi morada,

tomando agua
de mi cántaro tuyo
de arcilla y ganas.

Estaba solo
y a mi vida llegaste
enamorada.

TERCER PREMIO

Mary Ely Marrero-Pérez
Puerto Rico

SIESTA EN TUS LABIOS

Siembro mi boca
en poemas caóticos
en lenguas vivas.

Imanto cópulas
de contactos con éxtasis
sin un equívoco.

Esbozo musas
de tu sonrisa cálida
y tan somnífera.

Sueño tus labios
ríos encabalgados
por mis montañas.

Transito mieles
de besos tuyos, míos...
narcosis lírica.

Aguo en tus dientes
el fierro de mis versos
que ahora es numen.

Esculpo, en gráficos
siglemas, mi avaricia
por latir ósculos.

Nimbo tu voz
con ritmo y con metáforas
para versarte.

Tenso tu pelo
con mis manos de páginas
de ti entintadas.

Unzo la siesta
que provocan tus huecos...
plectros cadentes.

Siego los miedos
de barda enamorada
y alucinada.

Leo tu rima
quien libre se aventura
por mi saliva.

Amelo cúspides
al libar tu endeblez
de estro despierto.

Baldo la crisis
del poeta sin vena
con utopías.

Incito mágicas
sinalefas de ensueño...
besar foráneo.

Ostento pólvora
en las almas cargadas
sin pesadillas.

¡Siesta en tus labios...
como destiempos símiles
que trago a besos!

MENCIONES HONORÍFICAS

MENCIÓN DE HONOR

Doris Irizarry Cruz
Puerto Rico

UNA CANCIÓN DESESPERADA

Un elefante…
le susurra al oído
a la muñeca.

No le contesta
ojitos apagados
por más que quiera.

Antes que asomen
los pies bajo la puerta
prende otra vela.

Canta la nena
jugando al pentagrama
de la tristeza.

Agua bendita
corre por sus mejillas
se balancea.

No le responde
el ángel de la guarda
ni San Nicolás.

Cuatro elefantes…
corre a buscar guarida
bajo la cama.

Iguana verde
de dientes amarillos
de telaraña.

Ojo de lince
se relame la presa
calcula el tiempo.

Nomos de sueños
visitan a otras niñas
en mundos buenos.

Do sol sol mi si
se le enredan las notas
jm jmjm jm jm.

Esconde el miedo
entre la telaraña y
cierra los ojos.

Sube hasta el cielo
a lágrima y a rezo
a otro elefante.

En el columpio
ya no se mecen cuentos
de hadas madrinas.

Se ha oscurecido
el mundo de muñecas
en su garganta.

Pausa y silencio
aliento de aguardiente
bajo la cama.

En retaguardia
ciento tres elefantes
desaparecen.

Rasgan el cielo
cuarenta padrenuestros
hechos jirones.

A pasos duros
y garras afiladas
ruge la iguana.

Doscientos rezos
no han sido suficientes
la nena canta.

Allá en lo alto
los elefantes vuelan
jm jmjm jm jm.

r **Reyes**
Rico

˛.˛s

˛.˛acable es
quien sostiene las llaves
sin abrir puertas.

¡Benevolencia!
Liberar por honestas
alma y conciencia.

Erguido vuela
alas de terciopelo
tienes, mi pueblo.

Recorre el cielo
recobra tus anhelos
isla de ensueño.

Tormentas vendrán
enarbola bandera y
suelta tus velas.

Abrázate al mar
que te circunda en olas
besa tus playas.

Dios te bendice
de frente a la alborada
libre, mi patria.

MENCIÓN DE HONOR

Yarimar Marrero Rodríguez
Puerto Rico

CULTURA

Conciencia viva
latiendo en cada ser
que se educa.

Ulteriores son
los deseos que buscan
callar el grito.

libertario de
los pueblos que conocen
que son esclavos.

Tratando de ver
cómo emancipar sus
mentes en ruinas.

Ultimando los
cartuchos ancestrales
llegó la hora.

Rabiar gimiendo.
¿Qué quedará para los
nuevos retoños?

¡Arriba Patria
nueva que reverdece
con paso firme!

MENCIÓN DE HONOR

Raúl Castillo Soto
EE.UU./Puerto Rico

ENTELEQUIA

En el otoño
de nuestra travesía
irremediables,

naufragamos
en nuestra limitada
realidad:

Tiempo apócrifo
fantasía bastarda
lo inalcanzable.

El oropel
con su falsa noción
de la fortuna,

los mil guiñapos
nuestra segunda piel
a la mentira,

el equipaje
absurdo y petulante
que nos subyuga.

Queda el quebranto:
la sumisa quimera
las ilusiones.

Ufana prosa,
entre oídos creyentes
la derrotada

ilusa, diosa
de las medias verdades
que nos acosa;

alma apenada
que hoy cae ante las garras
de la ficción.

MENCIÓN DE HONOR

Silvia Alicia Balbuena
Argentina

<u>HILOS</u>

Hoy no los busco
hilos de un camino
sola ando yo.

Inmóvil yace
sueño de marioneta
de hilos mustios.

Laberíntico
el hilo de Ariadna
apagó mi luz.

¡Oh!, hilo rojo
de destino buscado
zigzag sin color.

Sabio mi hilo
latido en urdimbres
encuentra mi voz.

MENCIÓN DE HONOR

Inocencio Hernández
España

SOMBRA

Siempre fui sueño
extraña sonoridad
latitud mortal.

Onírica sed
relámpago que yace
en tus pupilas.

Mártir del ayer
vencedor y vencido
parto cósmico.

Breve suspiro
soledad renacida
ciego silencio.

Rastro borrado
de todas las heridas
verso del hambre.

Ahora estás
luz incorpórea, febril
mañana de mí.

Mariana Aguiar Caorsi
Uruguay

LUCES

Lámpara fértil
la del cuerpo maduro
que aún ama.

Umbilicales
los sueños se abrazan
con el otoño.

Calor ardiente
que vibra en las hojas
que danzan libres.

Enerva pieles
que parecen corazas
en cuerpos nuevos.

Siempre la magia
es cuestión de óptica...
Ama y verás.

SIGLEMAS 575 DESTACADOS

Yajaira Álvarez
Venezuela

ISLA (I)

Incorpórea
en el silencio, guías
cantos de nubes.

Sellas tus costas
en la serena alma
y me descubro.

Larga cadencia
en sales, piedras, hojas;
los cosmos unes.

Amada isla
dentro de ti inicio
mi hoja blanca.

Alexis A. Garabito
Estados Unidos

SILUETA

Silente un alma
en los diarios, él busca
caminos de luz.

Isla de sueños
habitada por sombras
que regalaste.

Levita, salta
sobre el rostro del humo
se desdibuja.

Una sonrisa
ausente de su cuerpo
al fin la sombra.

Eterna vive
se descubre su aliento
sobre el olvido.

Truenos, destellos
al compás de la imagen
semidifusa.

Ausencia, libre
albedrío el color
de tu silueta...

Yarimar Marrero Rodríguez
Puerto Rico

LIBRE

Libando ando
verdades florecidas
creando rumbos.

Indispensable
seguir mis propios pasos
caminar sola.

Brasa que arde,
quemando al transgredir
lo inviolable.

Reglas no tengo
¿acaso necesito
tu reglamento?

Estoy despierta
ya no cierro los ojos
yo soy mi dueña.

Gusmar Sosa
Venezuela

CAÍDA

Canto de aves
amanecer desnudo
noche rendida.

Amanece ya
otoño no duerme
donde estoy yo.

Índice vital
senderos se revelan
yo a tientas voy.

Don del futuro
la niebla se marcha ya
pasos cayendo.

Ahora lo sé
es la levedad del ser
mi gran caída.

Mary Ely Marrero-Pérez
Puerto Rico

LLUVIA DE LLANTO

Lloran las niñas
en sus tierras malditas
cada injusticia.

Llueven sus lágrimas
sobre patrias dolientes
cuando son víctimas.

Ungen la infancia
en cada desamparo
de la ley ciega.

Viven con miedo
las inmoladas tristes
niñas de fuego.

Imprecan débiles
contra cada perfidia
del canon sordo.

Alojan penas
las inocentes ánimas
en los recuerdos.

¿Dónde lo justo
se esconde como juego
del destino cruel?

¿Es iracundo
el tiempo que no avanza
al protegerlas?

Llueven los llantos
de la ternura niña
acribillada.

Lloran las lluvias
de la inocencia niña
aniquilada.

Ansían ser
acérrimas mujeres
que paz respiran.

Nacer de nuevo
en sus pieles, sin cárceles
limpiarse el llanto.

Temerle a nadie
ansían, liberadas
para existir.

Ocluir penas
ansían, redimidas
para salvarse.

Bibiana Lucía Pacilio
Argentina

<u>MAR</u>

Muere la tarde
devorada en su boca
ardiendo en rojo.

Amontonadas
las estelas ya gritan
por su libertad.

Rompe la ola
agonía de sales
entre los ojos.

Doris Irizarry Cruz
Puerto Rico

LA MUERTE ANUNCIADA

Llanto iracundo
sobre el mar caribeño
ala tronchada.

Auroras idas
sin beso azucarado en
lenguas de fuego.

Memoria rota
de libélula ilusa
sobre un estanque.

Urna de vivos
que acarician la espera
que nunca llega.

Eco de alas
y fuga de polluelos
nidos vacíos.

Resaca austera
asesta desde el norte
cadalso Alisio.

Tajo de infamia y
grito de idiosincrasia
en feroz duelo.

Enardecidas
reencarnan las guajanas
a cortar viento.

———

Ánima en pena
el pasado regresa
ineludible.

Novia burlada
abandonada al margen
de una *promesa*.

Útero fértil
ligado por soberbia
y prepotencia.

No le avergüenza
al opresor la injuria
ni la desidia.

Cábala triste
nanas de la cebolla
plagio certero.

Insomne vela
aferrada a un mañana
de cielo raso.

Aroma nuevo
a suelo emancipado
estreno de alas.

Divaga el mito
de sumisión incauta
tiempo de lucha.

Arde la cría
rabiosa la contienda
escapa el miedo.

Abraham Ortiz
Cuba/España

MUJER

Manto de hierba
contigo puedo hablar
cuando me toca.

Una trama se
bifurca en tu cordel
cura las llagas.

Justo es hablar
sobre tus sombras todas
como delfines.

Entro en tu piel
descubro el pétalo
tal del aroma.

Remo al cofre
remo al viento de tu
remo henchido.

María Antonieta Elvira-Valdés
Venezuela

INCERTIDUMBRE

Incesante cruz
el futuro ambiguo
donde yo vivo.

Nadie conoce
nadie sabrá, todo es
impredecible.

Ciegos vagamos
por andamios flojos, a
punto de caer.

Enigmas al sol,
sedientos ardores de
conocimiento.

Riesgos borrachos
se tambalean, mientras
apuestas pierdes.

Todo cambia, mil
segundos inciertos que
se desconocen.

Innecesarias
angustias, que conciben
sombras dañinas.

Desasosiego
que infesta vidas con
sombras de humo.

Una mañana
que no convence: sales
pero ¿volverás?

Mudos todos los
pronósticos, mientras los
azares chillan.

Brumas cortantes
certezas cautivas, en
marco de dudas.

Rumbos esquivos
panorama borroso
se desdibuja.

Esperanzas van
y van, intermitentes
en este país.

Sandra Santana
Puerto Rico

<u>ÉRASE UNA ISLA</u>

Era un tesoro
perla de gran belleza
en el Caribe.

Relampagueante
sus luces alcanzaron
pueblos lejanos.

Aura agrietada
pronósticos inciertos
se iban cerniendo.

Selvas rebeldes
aguas alborotadas
natura en vela.

En tiempo aciago
los cielos y la tierra
se confundieron.

Urdimbre oscura
los mares violentados
se rebelaban.

Naves extrañas
de otra parte del mundo
horror trajeron.

Aniquilaron
en el nombre de aquel Dios
desconocido.

Innoble historia
en ríos de avaricia
corría sangre.

Sometimiento
esclavitud y escarnio
era de infamia.

Libertinaje
desenfreno colonial
siglo tras siglo.

Arcano fatal
el tiempo en esta isla
se ha detenido.

Sulyin Tiberio
Venezuela

LUGAR

Llego de nuevo
a nuestro apreciado
refugio de paz.

Un lugar de fe
un encuentro de pasión
¡el paraíso!

Gélido sentir
ya no te hallo aquí
y me derrumbo.

Ahora sólo
queda en mi memoria
lo que vivimos.

Recuerdos que se
esfumarán al salir
de este sitio.

Silvia Alicia Balbuena
Argentina

MI RÍO PARANÁ

Misa profana
tus grillos violinistas
serenateros.

Ilusión de mar
son cuna de mis lunas
tus terciopelos.

Renace canción
en mis atardeceres
mirlo y zorzal.

Inquietos, tercos,
arpegios de corrientes
besan mi ciudad.

Orilla... Playa...
Mates, guitarreadas,
caricias, ardor.

Padre de ansias
de azules irupés
trasnochadores.

Avasallante.
Sabores de nostalgias
tu agua dulce.

Refugio. En ti
barcos cerealeros
faz de ultramar.

Apasionados
marrones que cabalgan
camalotales.

Navegan tuyos
botes, veleros, kayaks,
lanchas y *wind surf.*

Ágil mi río
llevas todos mis sueños
en tu desandar.

Margarita Iguina Bravo
Puerto Rico

HUELLAS

Habré de buscar
en los libros primarios
algunas huellas.

Unos diagramas
que me lleven de prisa
al primer tiempo.

En un paraje
sin poblados ni gentes
solo animales.

Lagos azules
que reflejen el brillo
del sol cobrizo.

Lunas brillantes
que emitan la luz tibia
sobre las olas.

Antiguos prismas
 ocultos en un bosque
verde esmeralda.

Señales vivas
que yo deba defender
mientras exista.

Reinier del Pino Cejas
Cuba

LUZ

Línea invisible
develas el secreto
sin esforzarte.

Urdes tu abrazo
de emanaciones tibias
sobre mis ojos.

Zarpan los miedos
tu discurso silente
ahuyenta el frío.

Jorge Riera
Venezuela

RADAR EN LAS TINIEBLAS

Rozar tangible
no te deja en dudas
es sin ayuda.

Al increíble
menester decisión
a su vez el don.

Desde infantes
luego en la juventud
cerca senectud.

Arden amores
rendimos nuestras cuentas
acaba vida.

Roen temores
rauda la incertidumbre
¿qué da la lumbre?

En descubierto
si todo es sentido
no hay sentido.

Nada como ver...
¡Radar en las tinieblas!
¡Mis ojos, la fe!

Lejano día
en que el Verbo quedó
en forma de pan.

A nuestra vista
un Dios para quedarse
denuesta vista.

Simple de gloria
apocado hecho nada
pronto... escoria.

Tal había ser
no otro acontecer
para conocer.

Ingente el Ser
en el cual sin más creer
sin poderle ver.

Ninguna otra
de la mayor sencillez
pan en redondez.

Imposible fue
nuestra limitación
y débil razón.

Enloquecía
si a otro parecer
diese por ser.

Bella alegría
si es en oscuridad
o en agonía.

La fe te guía
¡radar en las tinieblas!
será la vía.

Agradécela
si fuiste regalado...
ten su cuidado

Si no, podrás tú
halagar a un hado
para tal virtud.

SIGLEMAS 575
SELECCIONADOS

Lester Peña
Venezuela

FLOR

Fiel figura que
germina en el suelo
sagrado fértil.

Lirios hermosos
innegable regalo
divino de Dios.

Oro impreso
en hojas, demuestra
belleza pura.

Ramificación
compleja que crecerá
en cuerpo muerto.

Karlos González

Venezuela

ESTOICO

Extenso deber
que me llama hoy día
Dios es mi guía.

Soñando con luz
para hallar la vía
que paz me brinde.

Trato de tocar
el final del camino
que se escapa.

Otra vez ando
mientras solo puedo ver
la noche caer.

Indeciso voy
sin mostrar emociones…
siento vacío.

Como siempre soy
títere del celeste
caballero fiel.

Ordene Señor
sus deseos son la ley
y yo cumpliré.

Abraham Ortiz

Cuba/España

SIGLEMA

Sigue poeta
dando forma al caos
jeroglífico.

Isa el borde
de las cosas perdidas
sus tentáculos.

Gana tu favor
lo que deja el viento
lo que es árbol.

Lame el verbo
suda hasta ti mismo
este dilema.

Este dilema
es tu antorcha tu plata
sangre de duelos.

Mándame un chacal
la carta escrita hoy un
verso húmedo.

Ánfora de ti
implacable jueves
en mediodía.

Yarimar Marrero Rodríguez

Puerto Rico

TRAS BAMBALINAS

Telón abajo
uno que otro ruido.
Es el estreno.

Rezos, suspiros
la sala está llena
¡pobres novatos!

Algunos solo
se miran al espejo
haciendo gestos.

Son del Método
—dice un espectador
atolondrado.

Basta —contesta
el otro espectador—
sí son novatos.

Alguien avisa
la tercera llamada
todos se callan.

Mucha mierda hoy
desea el Director.
¡Lo han logrado!

Buscando su voz
llegaron los actores
al primer casting.

Algunos solo
han actuado una vez
Niños del Barrio.

Los barrotes son
un recuerdo del error
no superado.

Índice que se
espera, marginales
les han llamado.

No importa su
pasado, libreto en
mano; táchenlo.

Actores somos
se dicen abrazados
antes de salir.

Sabernos libres
sobre el escenario.
Telón; aplausos.

Lucía Cruz
Puerto Rico

FAROL

Fácil guiñada
al firmamento brujo
de los misterios.

Ansiedad de luz
en desfile esquivo
de paz y sombras.

Rondas amenas
de los enamorados
ciegos en luna.

Olvido de un
poeta entre nieblas
y hojas sueltas.

Lugar perfecto
de madrugadas sin sol
estrechándonos.

Lucía Cruz
Puerto Rico

VEN

Ven a mis alas
agrietadas por amor
y por nobleza.

En ellas viven
los cielos recorridos
sin luz ni aire.

Naceré por ti
y volaré por mi sol
para quemarte.

Erleen Marshall Luigi
Puerto Rico

LLEGAS

Llegas, avanzas
con murmullos y ritmos
que desperezan.

Levantas ondas
y aromas en el aire
humedecido.

Entre hiladas
gotas, viertes caricias
en mi follaje.

Gemas esparces
en los puros respiros
de éxtasis mío.

Animas gozos
inflamas espacios que
has pretendido.

Susurros tuyos
repiten lluviosos que
soy tu amada.

Erleen Marshall Luigi

Puerto Rico

MECERTE

Meciéndote en
el sillón que crujía
yo me recuerdo.

Encendiste con
bullicios y aventuras
luz de hermandad.

Corriste sorbos
apresando placeres
cantos, deseos.

Esgrimiste sin
un clamor: cáncer, dolor
sombra, letargo.

Raspaste sordo
huidizos respiros y
sin más, cesaste.

Toque de lentas
lágrimas surcaron el
yerto vacío.

En brazos tu urna
sostuve y volví, volví
yo a mecerte.

María del Pilar Reyes

EE.UU./Puerto Rico

POETAS

Padres para obras
que indómitas y altruistas
declaman su ser.

Odas célebres
cantan con melodía
sus poesías.

¡Enhorabuena!
Expongo pensamientos
para estos fieles.

Talentos sin fin,
pues ríen; gritan, lloran
se desahogan.

Amordazado,
muchas veces el sentir
fluye al escribir.

Soles que brillan
e iluminan las almas
dándoles vida.

Madeline Santos Zapata

Puerto Rico

MI NOMBRE ES

Muero nombrada
tiembla el nadir
brotan mis versos.

Implora mi voz
del cenit, primer verbo
sagrado sino.

No me silencia
el tiempo, ni gobiernos
cavan mi tumba.

Odalisca soy
plenilunio y locura.
bohemia errante.

Maman mis pechos
los neófitos amantes
líricos besos.

Babel me ofreció
lenguas en cautiverio
nómadas bardos.

Rapsodas cantan
mitos y epopeyas
soy milenaria.

Estirpe digna
posee la humanidad
con mi rúbrica.

Endeble muerte
el último latido
me amortajará.

Saeta certera
devela al fin mi nombre
que soy Poesía.

Madeline Santos Zapata

Puerto Rico

A VECES

A veces busco
la coincidencia fugaz
que nos cautivó.

Venero el azar
que en la víspera tejió
nuestros pronombres.

Ecos añejos
tus sonrisas bohemias
súbito fulgor.

Ceder no quiero
a la absurda quimera
pícara verdad.

Euforia en tu faz
tus párpados sedientos
del primer beso.

Sabes, a veces
adivino el porvenir
de lo sagrado.

Guillermo Echevarría Cabrera
Cuba

POEMA

Pongo mis tintas
en las odas que escribo
sobre tus cintas.

Orlo palabras
para soñar contigo.
¡Tu ánimo abra!

Entono la voz
cerca de los oídos;
sabrás: Que soy yo.

Mieles y brillos
engalanan las almas
limpian los trillos.

Amor que quema
cualquier desesperanza
¡lleva mi *POEMA*!

Manuel Serrano Funes
España

LOCURA

La noche espera
mientras se hace de noche
la luna llega.

Oigo y escribo
es la realidad
vista por mí.

Coches y motos
humo, ruido, estrépito
pasan. Silencio.

Un hombre grande
más de metro noventa
saluda fino.

Rara hembra eres
que sobre tu escoba
surcas la noche.

Amanecía
y tú ya te marchabas
anochecía.

Juan Fran Núñez Parreño
España

MI VIDA EN SOLEDAD

Miro la calle
y desde mi ventana
lágrimas caen.

Imaginando
lo feliz que sería
con un amigo.

Voy caminando
acompañado siempre
por el silencio.

Incluso cuando
la gente me rodea
no me ve nadie.

Donde la pena
deja todo cubierto
está mi casa.

A veces lloro
mis tristezas por dentro
lágrimas secas.

El tiempo pasa
como fatal tortura
mi compañero.

No tengo ganas
ni de decirme nada
ya ni me quiero.

Siempre callado
siempre, siempre tan solo
siempre con nadie.

Oigo palabras
hablan entre personas
¿seré persona?

Lunes empieza
mi dolorosa vida
hasta domingo.

¿Es vivir esto?
solo, sin nadie, nada
solo, silencio.

Debe ser dulce
que gente te salude
debe ser feliz.

¿Alguien me quiere?
no recuerdo los besos
ni los abrazos.

Desde muy lejos
veo gentes felices
es otro mundo.

Emilia Marcano Quijada
Venezuela

PATRIA

Por los que viven
anónimos, vagando
entre las sombras.

A los que mueren
sus lápidas un sello
en cada tumba.

Todos conocen
lo que la patria grande
ha revelado.

Revoluciones.
El hambre y el estupro
es su gran obra.

Imaginabas
que todo era un mal sueño
que no termina.

Al despertarte
la pesadilla sigue.
Es Venezuela.

Óliver Quijada Campos
Venezuela

SOLEDAD

Sombras de ayer
no logro comprenderlas
no las entiendo.

Obvié tu huida
para poder vivir
sin pesadillas.

La amistad
laberinto sin fin
no tiene igual.

Escucho el eco
sonando sin pararse
en cuartos vacíos.

Dando vueltas
pensamientos me embargan
me quita el ánimo.

Andando solo
de mi objeto me desvía
mal me aconseja.

Destruye vidas
es mala consejera
no te ayuda.

Luis Santiago
Puerto Rico

JEHOVÁ

Justo Creador
sí, de los infinitos
del universo.

Eterno Padre
de los hombres dispuestos
los imperfectos.

Honrado es, sí,
entre las multitudes
los descendientes.

Oh Altísimo
omnisciente vista del
soberano Rey.

Viento eres
en los prados distantes
del santo suelo.

Ahora eres
bello ejemplar, singular
en las naciones.

Ana Marichal
Venezuela

VACÍO

Veloz su andar
escondido en las sombras
a la espera.

Añoranza es
confuso sentimiento
orna su alma.

Cuando la mira
su corazón calmado
salta del pecho.

Inconsciente ve
sentimientos emergen
pesar domina.

Otro día más
la ve acompañada
quiebra su alma.

Isabel Patricia Vázquez

Puerto Rico

DIONISIO

Dios del vino fue
el origen del nombre
del Taita Nisio.

Iliterato,
Impetuoso y muy sabio
era aquel negro.

Oscurece aquel
recuerdo la vigencia,
que va de prisa.

Negrura y mezcla,
sabrosura me dejó
grabada al alma.

Infinito fue
el legado que dejó,
tal cual viñedos.

Silvestre y feliz
sandunguero y popular
cual vino tinto.

Implacable fue
la suerte que le tocó
por su piel negra.

Ósculo tierno
me pega en la mejilla
todas las noches.

Isabel Patricia Vázquez

Puerto Rico

EL PALOMO RENEGADO

En la Paz diaria
de un verde monte ajeno
me lleva y me trae.

Lejos de casa
y no me siento sola
gracias a su alma.

Presencia linda
además de silente
discreta y muy fiel.

Alas le ha puesto
a mi mente y corazón
sin lindes vuelo.

Luchando juntos
a diario compartimos
esto y aquello.

Organizados
guapos, y en puntualidad
vamos volando.

Malabaristas
llegamos siempre a tiempo
aunque sea lejos.

Obrizo blanco
con ónix incrustado
es una joya.

Rodando vamos
encontrando diversión
sin rumbo fijo.

El me acompaña
y a pesar de las millas
siempre sonriente.

Novato y ágil
nada nos detiene, no
ni las tormentas.

En buen camino
encontramos amores
naturalmente.

Gallo Palomo
nunca pierde el ánimo
aunque cansado.

Aventureros
sin esforzarnos mucho
fluimos libres.

Deliberado.
No tolera flojera
bajo tormenta.

Ocio permite
será cuando me vaya
a la eternidad.

Rossana Staback
Venezuela

PAZ

Precioso lugar
instante y momento
de felicidad.

A la distancia
en algún lindo lugar
repleto de mar

Zambullir en paz
el mejor sentimiento
que puede pasar.

Leiria Ravelo
Venezuela

ROCK

Razón de sentir
emociones intensas
sueños del alma.

Oídos sordos
ruido de armonía
bello consuelo.

Corazón libre
esperanza despierta
paz, luz y fuerza.

Kilos de dolor
en libertad sin nombre
se dispersarán.

Leiria Ravelo
Venezuela

MADRE

Más que yo, eres
tú una parte de mí
vivo para ti.

Alto te veo
en la cima del mundo
sí, tú triunfarás.

Daría todo
para verte sonreír
seré tu fuerza.

Recién yo noté
lo mucho que creciste
más alto que yo.

Expande esas
tus alas; vuela alto,
estaré aquí.

Gusmar Sosa
Venezuela

NOCHE

No conozco yo
qué será del mañana
soy ser finito.

Origen feliz
génesis tan lejano
melancolía.

Cuándo vendrá
el amanecer feliz
sobre la noche.

Habré perdido
mis vigilias nocturnas
esperándote.

Éramos uno
en el manto nocturno
y ya no estás.

Luis Charmelo
Venezuela

NACER

Nuevo ambiente
cuando se abren los ojos
tímidamente.

Atado a la
astucia de la vida
amar y sentir.

Coherente es
cuando somos tocados
...interminable.

Espectacular
sensación de libertad
como de terror.

Raro es todo
conocido nada es
arriesgar haré.

Josman Pulido
Venezuela

BETA

Bueno y útil
trabajando está él
en los cálculos.

Escrito bien es
para cálculos quiere
un ángulo ser.

Teniendo calma
esperando relucir
su aparición.

Alfa primero
luego viene su turno
así comienza.

Celia Karina San Felipe

Argentina

A ELLAS

¡Ah! la vida que
nos unió en el amor
al fin descifró...

Eternos, más que
dos corazones con Vos
todas unidas.

Lesbianas somos
ideas de colores
sabores de flor.

Libres, interior
florecidos entre son
con las violetas.

Arco iris soy
Yo, Ellas lo reflejan
incandescentes.

Sonidos todos
iridiscentes de luz
capullos tuyos.

Yajaira Álvarez
Venezuela

ISLA (II)

Itinerante
para cada instante
distintos rostros.

Soplo primero
respiro de sílabas
se edifican.

Luz delirante
silencio que estalla
escapándose.

Arde el rostro
en plenitud de isla
surge el signo.

Natashari Nazario

Estados Unidos

BEBÉ

Bello infante
lo cual más amo de mí
te querré siempre.

En el mundo hoy
lo que más deseo en mí
aunque no quieran.

Bello bebé hoy
esta naturaleza
te rodea aquí.

Energía mía
me alegras la vida
cuando te tenga.

Daniel Díaz Costa
España

BONITO

Besos y cartas
recuerdos y lunas.
Ay, si supieras.

Ojos que te ven
que buscaron tus labios.
Ay, si quisieras.

No basta hablar
debes subir y bajar
mis manos anclar.

Incluso atar
moverte y sujetar
para dialogar.

Todo lo dirás
será toda la noche
dormir, despertar.

Oír tu corazón
latir bajo tu pecho.
Es una canción.

Jerlin Siso
Venezuela

TÚ

Tu mirada me
hace sentir viva, tus
manos tan dulces

únicamente
me tocan a mí, solo
eso me basta.

Orlando Martínez Rivera
Puerto Rico

PUENTE

Perfeccionista
inquebrantable cruzas
enormes riscos.

Unes veredas
abriendo paso entre
grandiosos ríos.

Enlazas rutas
peligrosas, las trabas
desde el norte.

Naciste para
unir el precipicio
junto al monte.

Te sostienes con
pilares, nos cubres del
despeñadero.

Estrechas nuestro
abismo, nos libras del
desfiladero.

Rubén Darío Portilla Barrera
Colombia

POESÍA

Pluma y papel
tinta, puño y letra
prosa y verso.

Obra de arte
llena de sentimientos
bello lenguaje.

Expresión libre
de los dioses líricos
como Neruda.

Siglemas, odas
sonetos y elegías
bellas poesías.

Inspiraciones
que endulzan la vida
de un poeta.

Arte divino
que al alma herida
cura las penas.

Rubén Darío Portilla Barrera
Colombia

PREDESTINACIÓN

Pensando en ti
escribo versos tiernos
versos del alma.

Ruego a mi Dios
al inventor del amor
que tú me ames.

Esbelta mujer
amar es mi locura
y loco estoy.

Dichoso seré
cuando vivas conmigo
¡oh luna llena!

Es delicioso
estar enamorado
y ser amado.

Sueño despierto
soñar no cuesta nada
¡lindo delirio!

Torpe he sido
cuando dudo del amor
y él existe.

Inmensurable
es el amor ágape.
No hay condenas,

ni grandes penas
que no se disipen con
el amor puro.

Amor que dura
no es amor pasional
estoy seguro.

Cristalino es
el mar de tus encantos
yo soy la barca.

Incomparables
son tus besos, cariño
¡son caramelo!

¡Ojazos negros
henchidos de ternura
ciegos de amor!

Nací para ti
soy tu príncipe azul
predestinado.

Arturo Salvador Rodríguez

México

NUBES

Niñas de algodón
blancas formas mágicas
amigas del Sol.

Unidas viajan
por los cielos de Zeus
lindas figuras.

Bailan sin ritmo
transparentes y blandas
nubes de marzo.

En días tristes
sueltan su llanto fresco:
la tierra mojan.

Son fieles trozos
compañeras del cielo
dueñas del lloro.

Bibiana Lucía Pacilio
Argentina

LÁGRIMA

Leo tus ojos
laberintos gastados
entre los míos.

Antes de ayer
pájaros de colores
los acechaban.

Gota salada
que irrespetuosa
grita en el alma.

Ríos sin nombre
caen por tu ventana
hacia el destierro.

Imaginando
madrugadas enteras
de soles rotos.

Muere la lluvia
como las gotas secas
de los silencios.

Aquella extraña
ciega y deforme, ya
se desparrama.

Myriam Millanes Santos
España

AIRE

Aire respiro
si estás a mi lado
me siento nacer.

Ingrávida ya
a flotar en tus brazos
quiero volver.

Risa sagrada
está asegurada
y en un beso caer.

Es esa calma
respirar tú dulzura
volver a creer.

Ricardo Arasil

Uruguay

OMBÚ

Orgullo grande
de acortar los cansancios
de tus paisanos.

Muchos jagüeles
quisieran tu textura
de savia verde.

Bueno y humilde
sostén de trino, nido
y alas en ristre.

Útil y aislado
lago de sombras frescas
que dan descanso.

Ricardo Arasil
Uruguay

ALBA

Abre los brazos
el sol de la mañana
mientras bosteza.

La virazón
se acuerda de llevarse
llanto y dolor.

Bravo poeta
ni el aura del color
te da respuesta.

Amilanado
el sol da vuelta el cuello
busca el pasado.

Gabriela Ocando
Venezuela

LUCHA

Los jóvenes son
la única esperanza
que hay en el país.

Unidos somos
más fuertes y capaces
de mover muros.

Cada uno que dé
su granito de arena
para lograrlo.

Haciendo juntos
el trabajo, barreras
eliminamos.

Alcanzar nuestras
metas, cambiar el rumbo
de Venezuela.

Betseba Palacios
Venezuela

VIDA

Vas pasando muy
lento y pues poco a
poco muriendo.

Imaginando
usualmente cómo va
a ser el resto.

Dedicándome
como un reto, el que
hoy yo acepto.

Abierta siempre
a aprovecharla y
hoy valorarla.

Xena M. Rodríguez
Puerto Rico

<u>BOCA</u>

Buen sabor de
tu boca: dulce fruta
y sin censuras.

Oscuros son
los días sin tus labios.
Bésame más.

Cariño, no
tortures; sabes a
debilidad.

A mí acércate
por favor, no me dejes
nunca jamás.

Lizbeth De la Rosa

Puerto Rico

PUTA

Puta me llaman
sin el conocimiento
de mis memorias.

Usada fui
para saciar el hambre
lascivia de ellos.

Taciturna alma
que llevo desde entonces.
No les importa.

Amor no había
y desvirgada fui.
Hoy marchita.

Angélica Aguirre Vásquez
Puerto Rico

VER

Verdes montañas
resaltando el azul
cielo que cae.

Entre ellas nace
y a la misma vez muere
el sol que tuesta.

Riachuelos cantan
al son del viento soplar...
ambiente cálido.

Kathia N. Figueroa M.

Puerto Rico

<u>BESO</u>

Bienvenido eres
cada día; no importa
la hora que sea.

Enredada al
tuyo, sentí el sabor:
café del alba.

Siento el calor
del acre del café
y la caricia.

Originando
mis latidos, lograste
apasionarme.

Alexis A. Garabito

Estados Unidos

LETANÍA

Lenta su muerte
invita a los secretos
a mi amanecer.

Espejo ausente
laberinto de sombras
sus espíritus.

Tierra de miedos
campanadas robadas
por una misa.

Algunas luces
cadáveres antiguos
sobre una muerte.

Noche de absurdos
profecía del reto
por una bestia.

Intenta volar
sobre aquellos reflejos
de Luna llena.

Alivia la sed
demonios que reviven
su letanía.

Elbelis Perdomo
Venezuela

CAFÉ

Café ojos que ven
¿otra taza te sirvo?
dime sin pena.

Aquí hay confianza
si el sabor es amargo
un poco endulza.

Familia, amigos
no hay quien se le resista
sientan su aroma.

Espero hoy digas
sin mucha prisa amigo
¡qué rico café!

Carlos Alberto de la Cruz Suárez
México

MAR

Mares azules
que el pájaro vuela
midiendo olas.

Abre las alas
se atreve a soñar
sobre las costas.

Remanso de paz
la mar se entretiene
viendo libertad.

Carlos Alberto de la Cruz Suárez
México

<u>SOL</u>

Sol amarillo
como el armadillo
radiante te ves.

Ojo del cielo
arriba, en lo alto
cual águila ves.

Las cosas simples
de amantes extraños
que van al revés.

Mario Artcadia Panet
Puerto Rico

JOSNERY

Jengibre capaz
de quitarme sabores
de exquisitez.

Obturadora
de mis otros sabores.
¡Me hamburgueses!

Sediento de voz
sin probar tu arepa
ni chicha criolla.

Núcleo cerebral
me desparramas por el
caribeño mar.

¿Error, confusión?
Te encontré sin querer.
¡Clavado quedé!

Raíz de mis tainos
esperadme en Zulia
mi Arawaca.

Ya sos mi norte
solo mil kilómetros
zarparé al sur.

Mario Artcadia Panet
Puerto Rico

ARTE O MUERTE

Anuncio vital
nacimiento temible
tan necesario.

Rescatadores
de valores perdidos
en el olvido.

Tesis de verdad
dolor de la falsedad
de esperarse.

El Movimiento
de Vanguardia lo gritan
desde Boriquén.

Opción de honor.
¿O la vida o mueres?
Actitud, pasión.

Mediocres, ¡alto!
Ya no tienen salida.
¡Pseudo-artistas!

Una nueva voz
marcará una era
esté quien esté.

El que no esté
como quiera cumplirá.
¡Era marcada!

Rugir del arte
escrito con la sangre
la imborrable.

Trascendió, vuela
por el mundo sin planear.
Sed de un cambio.

En Revolución
la Tierra grita alto:
"ARTE O MUERTE".

Margarita Iguina Bravo

Puerto Rico

INQUIETUD

Intento borrar
esa huella gigante
que me persigue.

No puedo vivir
al sentir estas ansias
que me consumen.

Quisiera entender
de una vez y por todas
su procedencia.

Una manera
para poder descubrir
el gran misterio.

Iluso de mí
cuando intento conocer
lo que se oculta.

En este instante
se ven versos tallados
sobre la huella.

Tiembla mi cuerpo
cuando con ansias leo
la letra impresa.

"Usted debe ser
el que convierta en rimas
lo que está escrito".

"Debe transformar,
sin sentirse molesto,
la gran historia".

Raúl Oscar D'Alessandro
Argentina

PASIONAL

Peregrino fiel
devoto de una pasión
que me condena.

Ansias sufridas
buscando un destino
tras sombras vanas.

Son tristes sueños
que anhelan tu nombre
y callan al fin.

Ingrato vivir
perdiendo esperanzas
en días sin soles.

Oscuro andar
arrastrando cadenas
que hieren mi fe.

Nacer y morir.
Transcurrir sin tenerte
es cruento vivir.

Amor que niegas
es puñal que lacera
mis ansias de ti.

Late el alma
en la fiebre pasional
que me consume.

Néstor Quadri
Argentina

FLORES

Flor bella en cardo
ansía que una gota
esquive abrojos.

La primavera
en las flores silvestres
va cabalgando.

¡Oh! mariposa...
en un malvón reposas
aleteando.

Rocío en rosas
acaricias capullos
burlando espinas.

En esa tarde
el aroma a lavanda
perfuma un beso.

Sobre las flores
un ruiseñor alegra
el colorido.

Luis Javier Santiago Náter
Puerto Rico

ROJO

Rosa plantada
cerca del manantial
de aguas vivas.

Olas de sangre
en las costas de dolor
sufrimiento.

Jactante color
de las llamas cortantes
sí, destructivo.

Olas de sangre
corren por mis venas, sí
en mi cuerpo.

Maximiliano Sacristán
Argentina

DIARIO

Diciendo arrullos
la heladera adormece
mi oscuro insomnio.

Inerte útero
y esta bañadera en
tiempos de exilio.

Abro el postigo
entra la luz de luna
ya no estoy solo.

Rueda en el té
efímero ideograma
¿qué me dirá?

Ínclito cosmos
cada noche me azaras
con tus abismos.

Olor del guiso
cuándo hallaré su nóumeno
su oscura Verdad.

Maximiliano Sacristán
Argentina

CAMPO

Cae la lluvia
la tarde se ha aclarado
huele a humedad.

Amaneceres
ver incendiarse el cielo
sobre el Naciente.

Masculla el perro:
majestuosa se asoma
la liebre lunar.

Pícara niebla
te esconde a ti y a mí
nos afantasma.

Oír que escampa
regresa el colibrí
las hojas brillan.

Cándida Negrón
Puerto Rico

ABUELA

A veces triste
cuando tan lejos están
los ama tanto.

Buena con todos
desborda de su amor
se siente feliz.

Única verdad
su amor infinito
por siempre será.

Ella es especial
a su lado todos van
buscando su paz.

La bendición es
y por sus nietos dará
toda ternura.

Amorosa es
niña cuando puede
con ellos estar.

Cándida Negrón
Puerto Rico

CASA

Cuando busco paz
contigo quiero estar
refugio ideal.

A veces sola
pero siempre presente
cobijas mi ser.

Sencilla eres
agradas mi entorno
das seguridad.

Adornas mi ser
complaces a mi alma
me siento feliz.

Rubén Guzmán
Venezuela

CARACAS

Caras vemos hoy
corazones no saben
mentir mañana.

Ahora solo
la angustia invade
el mirar tuyo.

Ríos de humanos
se agolpan tan tristes
sobre la calle.

Ahora solo
la angustia invade
no mirar atrás.

Caras vemos hoy
corazones no saben
mentir mañana.

¡Ay, soy solo esto!
Un humano muerto
nada más hueso.

Somos materia
el espíritu solo
se desvanece.

Raúl Castillo Soto
EE.UU./Puerto Rico

AMANECERES

Amo tu cuerpo
que deshace en mi boca
atemperado,

majestuoso
sediento de mis dedos
de agua y espuma.

Ansío el beso
apasionado y lento
que nos abrasa:

nexo indeleble
de inexorables horas.
Eres mi fuente,

eres la luz
la égloga sempiterna
en mis caricias;

chispa azul, rayo
la centelleante lava
que nos traspasa.

Eres la orilla
del húmedo galope:
pequeñas muertes,

red de la carne;
la certeza absoluta
que me completa.

Entro en tu piel
como el río a su noria
en sincronía...

Siento en tus labios
la desnudez de mil
amaneceres.

Eduardo Horacio Gury
Argentina

JESUCRISTO

Judas y un beso
te pusieron en manos
de los verdugos.

Empezó entonces
el atroz recorrido
de Tu Calvario.

Solo quedaste
sin la ayuda, siquiera
de Tus discípulos.

Un largo trecho
cargaste con la Cruz
yendo hacia el Gólgota.

Con duros clavos
sujetaron Tu Cuerpo
al leño impío.

Rendido y triste
la muerte poderosa
vino a llevarte.

Íntimo amigo
José de Arimatea
te sepultó.

Saliste luego
del sepulcro y volviste
triunfal al Padre.

Tú, Redivivo
le concediste al mundo
la Redención.

Oye mi súplica:
¡perdónanos a todos
también a Judas!

Armando Bandeo
Argentina

VERDOR

Verde en su sombra
desparrama colores
sobre el paisaje.

Es un pájaro
se desliza en los ojos
contoneándose.

Rumiante del sol
se desnuda hecha mujer
a puro baile.

Dulce sustancia
devora la mañana
bebe el silencio.

Oírlo entre el viento
florece la inquietud
del alma sola.

Ríe su esfinge
en la paz de mis sombras
ella enamora.

Armando Bandeo
Argentina

NOCHE

Nombrar la luna
y ese vino estrellado
enciela mi voz.

Oso suspirar
dentro de su mirada
delicia suave.

Cómo no decir
sueño con tus palabras
largas caricias...

Háblame, dime
encalla la oscuridad
en tus abrazos.

Esta hábil manía
de vagar sobre mi piel
jamás se olvida.

Adriana Villavencio Hernández
México

IZTACCIHUATL

Imagino mi
cuerpo recostado
pasivo allí.

Zarpando en tus
cabellos ondulados
eres belleza.

Tambores para
la gran dama azteca
¡es mexicana!

Alabanzas con
danzas tradicionales
¡eres amada!

Con epífora
te observan tus hijos
maravillados.

¡Cómo reflejas
en cielo estrellado
las esperanzas!

Imágenes del
Sol y Luna, tú nunca
estás oscura.

Humeantes tus
dialécticas raíces
todos oímos.

Única en el
horizonte, tu amor
te protegerá.

Ante osado
huracán que azote
él evitará.

Tienes historia
mujer de blanco volcán
mujer dormida.

¡Levantaré mi
corazón indígena
para el mundo!

Adriana Villavencio Hernández
México

LUNA

Le cantamos y
le escribimos con la
eterna pasión.

Unificarás
toda mirada que te
invoque amor.

Nuestras letras
relleno de cráteres
universales.

Anochece y
te buscamos con fervor
inolvidable.

Mariana Aguiar Caorsi

Uruguay

EXTREMO

Extrañamente
me sorprende tu amor
en este tiempo.

Xilofón mudo
para el sentir niño
que late en mí.

Tiembla mi cuerpo
insomnio en las noches
sin mis veredas.

Roto el nido
me cobijan tus plumas
calor ardiente.

Elijo callar
hamacando palabras
con ecos sin fin.

Muerta estaba
y resucito por ti
cuando me besas.

Otra gota más
hace llorar la nube;
tu clímax: mi sol.

Aníbal Delgado Núñez
Puerto Rico

DESPEDIDA

Danza de manos
que dicen hasta luego
pronto regreso.

Esperanza de
un abrazo sincero
amor fraterno.

Sentir anhelos
expresar sentimientos
abrazos, besos.

Paz o angustia
incertidumbre, pesar
por su éxodo.

Esperanza de
encontrar el camino
raudo regreso.

Diáspora febril
en busca de éxito
cumplir anhelos.

Invitación al
presuroso regreso
por sus aciertos.

Dinámico y
vivaz por su progreso
florecimiento.

Avance para
retornar al terruño
en crecimiento.

Andrea Rodríguez Reyna
México

AMANTE

Ambarino es
el refugio de nuestro
fugaz encuentro.

Mar en los labios
el vientre, marea brava
sal en el alma.

Así, un momento
y un eco, que resuena
sin una enmienda.

No hay castigo
más discreto y punzante
que el desgaste.

Tórrido pulso
que cuando se aferra
desacelera.

Evanecido
aquel tiempo ambarino:
solo un suspiro.

María Antonieta Elvira-Valdés
Venezuela

HAMBRE

Horas oscuras
arañan estómagos
también conciencias.

Ayuno atroz
injusto, impuesto
en tiranía.

Muerte calmosa
cruel agonía rumbo
a la locura.

Bocas cerradas
delirios abiertos y
demonios sueltos.

Rompe valores
te mueve a delinquir
aunque no quieras.

El hambre duele
transparenta la piel y
muestra los huesos.

María Antonieta Elvira-Valdés

Venezuela

LÁGRIMA

Lentamente te
deslizas por mi rostro
y en mi vida.

Agua visible
lenguaje de tristezas
y alegrías.

Gratificante
sensación arropa mi
risa genuina.

Ríos de pena
cuando la aflicción es
insoportable.

Infinita tu
fuente que no se seca
por más que llore.

Mudo momento
si mil gotas derramo
en mi soledad.

Alud que limpias
con sal mis heridas y
me purificas.

Silvia Gabriela Vázquez
Argentina

REDES

Recuerda cuántas
estrofas han escrito
con su silencio

en otros tiempos
los hombres y mujeres
que compartieron

dolor o calma
trabajo y alegría
pescas, anzuelos.

Estrellas, lunas
en el espejo sabio
de la mirada.

Sobre la mesa
el fruto de los mares
y su cosecha.

Silvia Gabriela Vázquez
Argentina

UNO

Una mañana
de modo inesperado
lo hallaste solo.

Nadie lo sabe
aún es un secreto
muy bien guardado.

Oculto estaba
detrás de mil disfraces
intacto, tu *yo*.

Borja Moreno Martínez

España

LUNA

La luz del día
impregnó la cortina
espalda fría.

Un rayo rosa
me tocaba la cara
toda pecosa.

No venga tarde
la luna sola que arde
el sol color gris.

A veces creo
que nada franco veo
yo me lo invento.

Araceli Edith Blanco Rubio
México

CERVEZA

Carne asada
guacamole y queso
cerveza fría.

Eco de placer
en cada trago me da.
¡Ay, qué rica es!

Receta grata
beber amargo sabor
como afición.

Volar sin alas
¡arriba el espíritu!
eso provocas.

¿Exceso? ¡No, no!
Todo es con medida
cobras factura.

Zopencos serán
cuando abusen de ti
muchos ingenuos.

Amigos juntos
celebran con cerveza
solo porque sí.

Araceli Edith Blanco Rubio
México

FOTOGRAFÍA

Fondo de color
azul cielo y café
cien colores más.

Ojos abiertos
sonrisas al por mayor
brotan sinceras.

Tiempo perfecto
el tuyo y el mío
impreso está.

Observarlas bien
poniendo los sentidos
para revivir.

Gratos momentos
reflejan maravillas
eternizadas.

Recuerdos bellos
compartidos contigo
¡qué felicidad!

Alegría pura
genuina, verdadera
das y recibes.

Fiesta por siempre
recuerdos indelebles
capturados son.

Imagen mental
fotografía también
en la memoria.

Almas gemelas
se proyectan eternas
entre estampas.

Gloria de la Soledad López Perera
España

BLUES

Balada de alma
arraigada a la tierra
sueños perdidos.

La melancolía
se plasma en sus letras.
Dolor en rictus.

Uniendo almas
suena con aflicción.
Profundas raíces.

En el comienzo
sonabas en los campos
ahora urbano.

Soul dame al cuerpo.
Todo cobra sentido
cuando tú estás...

Gloria de la Soledad López Perera
España

SOL

Solo e imponente
con estas tardes huyes
nos abandonas.

Ojalá vuelvas
mañana por el día
grita el girasol.

La mariposa
vuela buscando calor.
Y también yo...

Obdulia Báez Félix
Puerto Rico

JULITA

Juegos a granel
sonrisas infantiles
amaneceres...

Ungida de paz
campiña majestuosa
irradia amor.

Las dulces flores
ambientan el entorno
de luz y color.

Inmaculada
tierna naturaleza
espejo de río.

Tierna sonrisa
de rimbombante fiesta.
Ilusión fugaz.

Asoma pura
mágica, lisonjera
Julia, Julita.

Obdulia Báez Félix

Puerto Rico

PIEL

Pasión y candor
laberinto perenne
fuerte sensación.

Inmenso placer
torrente de sentires
emanan calor.

Exquisitez y
pureza de aromas
salvajes, tiernos...

Límpida, carnal
emerge como espuma
de olas de mar.

Ramón Torres Quesada
Cuba

MADRE MÍA

Marea dulce
única en tu desvelo
fresca cobija.

Arrullo serás
en todos los recuerdos
bendición plena.

Destello de amor
donde ha dormido mi paz
vuelo infinito.

Resucitas, sí
como alba irrepetible
en cada frase.

Eres regazo
cumbre de sentimientos
fotos antiguas.

Madre, te palpo
olorcito a cocina
pura de besos.

Íntegra pasión
concibes en tus mimos
y me malcrías.

Ah, si me paso...
fuetecillo que enseña
tierno en latidos.

Ramón Torres Quesada
Cuba

SENDERO ERRADO

Se equivocaba
aunque te diga que no
se equivocaba.

Extraño vuelo
de un lapso, perdido en sí
itinerante.

¿Nadie lo quiso...?
Él fue hierba en su expresar
en sus mentiras.

Débil lágrima
la noche que esa mujer
fue mancillada.

Errante y sola
por su maltrato, pasó
a vuelo libre.

Rosa al disparo
de un ser tan irrisorio
o desvalido.

Oscura infancia
de quien fue torpe crisol
de ausencia y lama.

¿Era su culpa?
¿O fue el destino su mal
camino? No sé.

Rastro de hinojos
sembró en el tiempo su cruz
incierta de amor.

Restos que quedan
en el camino de un Dios
casi olvidado.

Álgido espectro
equívoco en su interior
inadvertido.

Después de ella
solo un lamento quedó
sobre el ocaso.

Olvido, que no
llegó, triste sendero
de errante eterno.

María Zully Batista
Uruguay

AZAHAR

Aroma fugaz
que ofrece natura
desde el naranjal.

Zucarina miel
de intenso perfume
fragancia total.

Anhela novia
en un gran blanco ramo
invade altar.

Hechizo albo
misterio de pétalos
en busca de paz.

A ti ofrenda
vahos de esperanza
su manto níveo.

Reminiscencias
delicados capullos
amarillean.

Santa Dones García
Puerto Rico

MADRE

Modesta mujer
terruño que cultiva
verdad y amor.

Añoro su faz
con pícara alegría
besaba mi alma.

Dulzura sin par
ojos que amaron quien soy
sin miedo viví.

Recuerdo veraz
protegió mi dignidad
con fe y valor.

Espero verle
tras la luz de la muerte
no desesperé.

Santa Dones García

Puerto Rico

LIBERTAD

Libre me siento
cual silvestre paloma
alegre vuelo.

Inspirada voy
por sendas borrascosas
con gran emoción.

Bondad y verdad
mi escudo y espada
jamás lo duden.

Esperanza azul
eres estrella y sol
en mis andanzas.

Resuello siento
a veces; no lo niego
persiste el dolor.

Triste partida
fugaz fue tu existencia
golpe nefasto.

Alma divina
eres ángel presente
firme certeza.

Dame las fuerzas
y nunca olvidaré que
libre siempre soy.

Pedro Yajure Mejía

Venezuela

HORAS

Hemos llegado
a sagrado portal
nuestro, amado.

Odas bebemos
al paso de almanaques
y lo sabemos.

Rumbo sigamos
al compás de la lira
mientras soñamos.

Arden las horas
en la cama mojada
de las auroras.

Sentir el tiempo
sentir almas amantes
sin contratiempo.

Pedro Yajure Mejía
Venezuela

AMADA MÍA

Amada mía
voz profunda y desnuda
alba y alcoba.

Muéstrate toda
en mi ciudad de piel
cada mañana.

Abre tus puertas
déjame entrar ahora
con lluvia y sol.

Dejaré esa
palabra que te ama
cuando me besas.

Amada mía
alma ancestral del tiempo
quédate aquí.

Mueve tus ramas
para que sople amor
en esta alma.

Íbamos dos
cruzando las fronteras
con un sudor,

atado a cuerpos
de glorias y placer
cantos y salves.

Luis Zhumi Lazo

Ecuador

MARÍA CIELO

Mi mundo bello
que naciste un diciembre
en mi verano.

Amor divino
engendrado en capullo
por mi deseo.

Recuerdo el llanto
de tus ojos pequeños
de ensoñación.

Imagen dulce
en la cuna de mi alma
todos los días.

Ay, tú mi reina
cautivada en mi sueño
dulce en mi voz.

Cielito mío
tus huellas de algodón
me cosquillean.

Id a mi encuentro
cuando vuelvo a mi casa
por estas tardes.

Eres la estrella
que aluza mi camino
con tus sonrisas.

Lirio, mi lirio,
murmullo en mis oídos
mi melodía.

Oh, mi pequeña
ofrendo este siglema
a tus pies de ángel.

Luis Zhumi Lazo

Ecuador

POEMA

Palabra suelta
en la faz del papiro
cuando naciste.

Oh, voz sublime
que clamas al espacio
desahogándonos.

En versos rítmicos
hablas del suave amor
y del dolor.

Música y son
en los labios del que ora
con sutileza.

Al tiempo vences
verso a verso inmortal
santo poema.

María Zamparelli
Puerto Rico

<u>HIJO (A)</u>

Hilador(ra) de
misteriosos futuros
bendigo tu ser.

Iluminan el
horizonte tus ojos.
Luna hecha sol.

Jardín de nuevas
delicias. ¡Alto!, tiempo
que me corrompe.

Olorosos tus
cabellos de ajenos
orbes, estrellas.

(A)luzando los
caminos de la vida
nos alejamos.

María Zamparelli
Puerto Rico

<u>ROBLE</u>

Robledo nuestro
sagrado este templo
de alegrías.

Ofreces a mis
ojos asfaltados la
luz de asombro.

Bóveda en flor
universo cuajado
de glaucos trinos.

Levanten vuelo
sombras del espíritu
en aves de luz.

Escucha, bosque,
este rezo del alma
clama libertad.

Reinier del Pino Cejas
Cuba

SOMBRA

Silueta informe.
Caricatura en sepia
de este: Mi cuerpo.

Oscuro rostro
de aquel que me ilumina
desde su trono.

Me andas siguiendo
como un esbirro manso
a todas partes.

Burlas mis ansias
de soledad. Tu imagen
me desafía.

Rompes el mito
siniestro de que el bardo
siempre anda solo.

Acepto el reto.
Tu infame compañía
y este silencio.

Adina Cassal

Estados Unidos

CALLE

Con mi hermano
en la esquina hablamos
de ayer, de sueños.

Acechan luces
como premoniciones
como secretos.

Los pies intentan
guardar como regalo
esta vereda.

Llega la tarde
los carros, como el sol
buscan refugio.

Escucha el viento
portones que se cierran
perros que ladran.

Sandra Santana
Puerto Rico

UPR LIBRE

Umbral sagrado
patrimonio nacional
de nuestro pueblo.

Proyecto esencial
en su interior se ensaya
la vida misma.

Recinto amado
en sus aulas se forja
nuestro futuro.

Luz de esperanza
las ideas que bullen
hallan su espacio.

Indiscutible
primer centro docente
dicta la pauta.

Bastión del saber
contra toda ignorancia
lucha sin tregua.

Resurgimiento
de una nueva conciencia
puertorriqueña.

En resistencia
en amor por la IUPI
y Puerto Rico.

Idis Parra Batista
Cuba

MADRE

Mar apacible
donde las caracolas
se desperezan.

A tus azules
ojos llegan despiertas
las madrugadas.

Danza la luna
en tu pecho desnudo
y reverbera

Recalo en ti,
a flote entre tus brazos
veo la orilla.

Entono un himno
a la vida, al amor
¡oh, madre mía!

Idis Parra Batista
Cuba

HIJOS

Hitos que marcan
en la urdimbre del tiempo
magnas señales:

Idiomas nuevos
signados por la prisa
de darse al aire.

Jergas del alma
sonoras, elocuentes
apelativas.

Ortos alados
de colas siempre largas
y luces propias.

Saetas libres
proa hacia las nubes
inalcanzables.

María Berenice González Godínez

México

INFINITO

Interminable
espacio que no nace
ni se elimina.

Nunca detiene
su ciclo, pero atrae
la finitud.

Fugacidad
eterna e ilimitada
del universo.

Inexplorado
como el tiempo que habita
donde hay existencia.

Niebla vacía
y obscura sin retorno
como la muerte.

Indestructible
dios que controla y guía
nuestro destino.

Trágico estado
frío y de vaguedad
guarda el espíritu.

Oculta es ante
nosotros su grandeza
ilimitada.

Carolina Castillo Rojas
Chile

FILOSOFÍA

Febril caminar
hoy entonas tu canto
bajo la sombra.

Ideo mi voz
en un murmullo fugaz
de golondrina.

Leo los ojos
y traduzco las olas
mientras me duermo

oyendo el sol
y la esencia viva
de tus palabras.

Sabiduría;
con el soplo del viento
impulsas mis pies,

o tal vez será
que creo encontrarte
volando sin red.

Fulgor naciendo
a medida que crecen
los corazones,

iluminando
el sendero angosto
donde nace la

armonía de
nuestras cosmogonías
entrelazadas.

Carolina Castillo Rojas
Chile

CAOS

Cuándo seremos
nosotros las estrellas
iluminando

a los viajeros
sin versos en siglema
sedientos de paz.

Oigo caer al
mundo mientras escribo
y recorro los

sueños perdidos
que aceleran hacia
la gran explosión.

Jorge Riera
Venezuela

PATRIAS FÉNIX

Pueblos hollados
andariego el crimen
realengo el mal.

Almas sin alma
rebuscan el sustento
calman sus hambres.

Tesoros dentro
deterioros afuera
amor en hogar.

Resurrección, ¡fe!
tiranías cercadas...
felonía ¡hez!

Inmenso tesón
ingente la destrucción
urgente ¡acción!

Adelante van...
¡fulgurantes andantes!
galante porte.

Signan cual postes
son ahora soportes
¡sones y tonos!

Félix guerra fue
Fénix guerreras fueron
¡Feliz espera!

Evas varones
las ahora baronesas
son entereza.

Noche que pasó
pesadumbre terminó
¡ya amaneció!

Ígnea juventud
liberando la patria
vio la senectud.

Xerófilas púas
hoy en quiebre eternal
¡hurras en el lar!

Miguel Humberto Hurtado
Venezuela

ADIÓS AMIGA

Al vuelo de aves
se ha integrado tu aliento
esta mañana.

Dios te ha llamado
para darle belleza
al universo.

Ignorando Él
que quienes te queremos
te requerimos.

Ondean las nubes
haciendo honores vivos
frente a tu paso.

Siguiendo el canto
que te sirve de marcha
llena de flores.

Acuden a mí
ángeles y mil musas
para consuelo.

Mientras te pienso
y mi ser se rebela
ante tu ausencia

inconsolable
siento helado mi espacio
sin tu presencia.

Ganado solo
a divulgar tu esencia
aquí en la tierra.

Amiga mía
tu ausencia duele tanto
como mi vida.

Miguel Humberto Hurtado
Venezuela

TUS OJOS

Tus ojos grandes
ventana hacia lo inmenso
de tus bondades.

Un gran incendio
preludio de tu alma
que ofreces siempre.

Simulacro fiel
del gran espectáculo
profundo, bello.

Ornando áureos
de tu rostro la puerta
a tu belleza.

Juega conmigo
ofreciéndome espacio
deja que entre.

Ofréceme tú
tus hermosos ojazos
ya salvadores:

Sabré ir a ti
preso fiel de tus ojos
que me condenan.

Gelin Gil
Puerto Rico

VICTORIA

Vida me diste
al mirar tus ojitos
resplandecientes.

Inspiras en mí
espíritu de lucha
valor de seguir.

Cualquier cosa doy
mi niñita hermosa
por verte feliz.

Tu sonrisa es
faro que ilumina
el día más gris.

Omnipresente
porque cada segundo
llenas mi mente.

Riendo quisiera
camines por la vida
sin nunca sufrir.

Irradiando luz
sueños y alegrías
que no tengan fin.

Amando, siendo
mi nena de siempre, mi
Victoria Marie.

María Fernanda Paz Rodríguez

México

RÍO

Resuena el eco
profundo en el bosque
rumor del agua.

Inmortal templo
de mi Tierra Madre
eres arteria.

Óleo píntame:
sobre la roja piel
pasa tus manos.

Edwin Antonio Gaona Salinas
Ecuador

AMANECIENDO

Antes estuvo
el baile de la aurora
con alba mía.

Marchó por luz
con el sol atrapándola
y quedó libre.

Amaba todo
como los pastos frívolos
con aguas calmas.

Nació con alma
el rayo de la cima
con viento y rosa.

Eres alegre
entre rezos y sueño
amor viajero.

Como fulgores
pone en las hojas tuyas
cielo a tus ojos.

Iluminando
las caricias del alma
ríe con pecho.

En los rincones
de labriegos y suelo
surge quimera.

Nada de noches
toda neblina fuga
con rayo tuyo.

Donde haya flor
nace dulce locura
esperanzada.

Otrora estaba
hablándonos el cielo
ave y siglo.

José Lagos
Chile

GATO

Greñuda canción
libertad de callejón
pasión y control.

Alma boreal
un desdén a lo vulgar
ronronearás.

Todos a bailar
en tu ritmo señorial
armonía fatal.

Ostra del sillón
del destino burlador
rebelde pasión.

José Lagos
Chile

ODIO

Olvido todo
bueno, malo, tú y yo
solo silencio.

Desenlace y
comienzo, ocasional
brisa juvenil.

Intimidado
corazón de cemento
sin fortaleza.

Opresión roja
del alma, bello cajón
ciego resplandor.

Getulio Vargas Zambrano
Colombia

EROSA

Entrelazadas
revolcándose, como
tibias babosas.

Rosas, corola
delicada suavidad
cáliz de cristal.

Oleaje sensual
lubrica ondulación
pétalos de sal.

Savia manantial
riberas desbocadas
ninfas saciadas.

Ardiente Venus
sonrosada de placer
descansa feliz.

Iván Parro Fernández
España

SOL

Salgo a tu encuentro
juntos por fin estamos
amo la vida.

Oigo tus miedos
escucho tus silencios
¡no más fantasmas!

Libre me siento
sin cadenas escribo
poemas nuevos.

Lizzy R. Nevarez De Jesús
Puerto Rico

AMA

Al ver sus sombras
se llena de esplendor
dando el amor.

Muy libres ya
en la pureza azul
de la mañana.

Arte de voces
socórrete tú misma
así vencerás.

Lizzy R. Nevarez De Jesús

Puerto Rico

VOZ

Viértete en ti
imaginación grata
surge del estar.

Ondas silentes
hablan en tu palabra
vuela al cielo.

Zaga de sueños
que se realizan hoy
por ser valiente.

Jhon Pier Boñón Mercado
Perú

LECTURA

Leo tu lluvia
yendo en la orilla
de mis recuerdos.

Estoy pájaro
sereno en las manos
de tus páginas.

Cómo no serlo
en turquesas vocales
a mi encuentro.

Tu contemplación
me amanece azul
como el ayer.

Universo, tus
estrellas se descubren
en mi silencio.

Reo eterno
soy en tus grises ojos
desde mi alma.

Ahora siento
mi lectura dormirse
como la tarde.

María García Pizarro
España

PALABRA

Primero es verbo
luego sentimiento
que compartimos.

Arrogante al
vacío, por necios de
oídos sordos.

Locuaz abeja
espantada por humo
alborotando.

Amarra y ciñe
al que miente tanto que
cree en su falacia.

Bandera al aire
libertaria poeta
bordada sangre.

Romance ciego
con la sabiduría
que ello encierra.

Ahoga al seco
barquero, que discute
con los muertos.

Sandra Simone
Argentina

LUZ

Luz de las noches
en las que te he querido
no fue luz vana.

Una vida más
tu luz me ha concedido
sin un engaño.

Zumbón, el viento
no ha podido quitarnos
lo iluminado.

Sandra Simone
Argentina

SANAR

Salvar el día
de la opresión del frío
cura una herida.

Atravesarme
para obtener remedio
calma mi ansia.

Negar el duelo
daña más que tu olvido
en la penumbra.

Alzar el vuelo
es fácil con la cura
de tu silencio.

Razonar no es
volver para sanar
sino alejarse.

José Portillo Alcaraz
España

BESO

Batir de olas
que libres se desbocan
deviniendo mar.

Eclipse de sal
que irradia la mente
con dulce fulgor.

Silencio de voz
que truena en el pecho
con clamor febril.

Orilla común
que detiene el tiempo
en pro del amor.

David Eliseo Corona

México

ANIMACIÓN

Arte en acción
adoro su belleza
en movimiento.

Nada lo iguala
ni lo puede superar
esto es así.

Infantil lo ven
bobo lo catalogan
los ignorantes.

Miles de temas
maduros e inmaduros
son los que trata.

Amor contiene
cada vez que se le ve
en la pantalla.

Cuna de color
nido de imaginación
de aquí provienen.

Ideas buenas
usualmente generan
con más esfuerzo.

Objetivo es
el de muchas personas
poder crearlo.

Nombres famosos
porque aquí nacieron
y más que vendrán.

David Eliseo Corona

México

PEÓN

Potencial tiene
adentro, muy profundo
debe sacarlo.

El elegido
de gran poder oculto
lo tomó el rey.

Objetivo es
llegar al otro lado
y poder crecer.

Nunca parará
hasta tocar la meta
es su destino.

Luz Z. Febus Ortiz
Puerto Rico

CIELO

Coro de estrellas
que brillan en la noche
como luceros.

Inalcanzable
telón, cambiante siempre
día y noche.

En ti se pierden
aves, nubes y aviones
a cualquier hora.

La luna y el sol
hacen de tu cuerpo su
casa celestial.

Origami de
constelaciones que te
hacen divino.

Luz Z. Febus Ortiz

Puerto Rico

TIEMPO

Toma mis días
hace eternos los años
desvanece horas.

Idolatramos
minutos de alegría
mientras nos duran.

El reloj corre
acelera segundos
juega conmigo.

Mutan los ratos
en el umbral trágico
que es el olvido.

Pasa y no en vano
la espera se hace corta
alarga vida.

Oportunidad
de embarcarnos al tiempo
del sortilegio.

Ellos dijeron lo que querían decir.

68527117R00106

Made in the USA
Lexington, KY
13 October 2017